DE

L'UNITÉ EUROPÉENNE

PAR

M. LOUIS DE JUVIGNY.

> Dans quarante ans, l'Europe sera républicaine ou cosaque.
> NAPOLÉON, *Mém. de S.-Hélène.*
>
> J'avais alors pour but d'organiser un grand système fédératif européen.
> NAPOLÉON, *Acte additionnel.*
>
> Tout annonce que nous marchons vers une grande Unité que nous devons saluer de loin.
> Le Cte J. DE MAISTRE.

PARIS,

A. DAVESNE, LIBRAIRE, RUE CASSETTE, 25.

Décembre 1846.

L'UNITÉ EUROPÉENNE

PAR

M. LOUIS DE JUVIGNY.

Dans quarante ans, l'Europe sera
républicaine ou cosaque.
NAPOLÉON, *Mém. de S.-Hélène.*

J'avais alors pour but d'organiser
un grand système fédératif européen.
NAPOLÉON, *Acte additionnel.*

Tout annonce que nous marchons
vers une grande Unité que nous devons saluer de loin.
Le Cte J. DE MAISTRE.

PARIS,

A. DAVESNE, LIBRAIRE, RUE CASSETTE, 25.

—

Décembre 1846.

1849

SOMMAIRE.

I

La victoire pacifique des principes de la Révolution française en Europe sauvera la civilisation occidentale menacée par la Russie.

S'il est vrai que nous soyons arrivés, comme on l'entend dire souvent, à une époque de transition, il y a sans doute quelque part, au fond de cette société en travail, une idée nécessaire, une idée-principe qui doit la sauver en la transformant.

Et il faut que cette idée soit éclatante comme le soleil, qu'elle se nomme elle-même pour ainsi dire, et qu'elle ait déjà prouvé sa puissance par des changements importants et durables. Il faut qu'elle ait agité fortement les intelligences, en attendant qu'elle les unisse. A tous ces caractères, je reconnais les principes de la Révolution française : ces principes ont amené dans la société et dans l'esprit humain des modifications profondes, et il est dans leur destinée d'agiter et de troubler la société jusqu'à ce qu'ils aient triomphé pleinement et définitivement. Alors seulement ils donneront leurs fruits les plus parfaits, savoir : la paix, l'union et la sécurité.

La même pensée qui doit sauver la France, lui rendre le calme et la paix, doit également sauver l'Europe, en réunissant tous ses peuples et toutes ses races à l'ombre de la même civilisation.

Depuis que cette pensée s'est fait jour, depuis que la Révolution française a éclaté, la question de principes qu'elle soulevait, et qu'elle a tenu suspendue sur l'Europe comme une épée menaçante, a dominé toutes les questions territoriales ou dynastiques, et il n'y a plus eu, en Europe, qu'une grande guerre de principes, qui, lorsqu'elle n'éclatait pas sur les champs de bataille, continuait d'agiter sourdement les profondeurs des sociétés.

Les traités de 1815 furent une grande trève amenée à la suite d'une lutte gigantesque; mais le traité de paix définitif n'a pas encore été signé.

La France, qu'elle veuille ou non, représente dans le monde les idées libérales, tellement qu'on peut les appeler sans tromper personne les idées françaises. Sa gloire dépend dorénavant de leur triomphe; son abaissement momentané vient des défaites qu'elles ont essuyées, et c'est avec une grande justesse de vue, qu'un ministre éloquent a dit à la tribune française, que depuis 1830 la France avait conquis la Belgique et l'Espagne. Ce ne sont pas ses armées, mais ses principes qui ont conquis ces deux pays ; et dans la position que les évènements ont faite à la France, les conquêtes légitimes et durables faites par les principes qu'elle a proclamés la première, sont les meilleurs et les plus vrais triomphes pour elle.

Le passé méprisé de l'Occident s'est réfugié dans la Russie. Il en a fait son dernier et son plus redoutable retranchement.

La Providence a permis que cet empire formidable, placé entre l'Europe et l'Asie, pût menacer d'une terreur salutaire les peuples de l'Europe, afin de les forcer à rajeunir leur civilisation vieillie, et à fonder l'unité européenne en réunissant leurs forces contre un ennemi commun.

Car, si ce danger peut être conjuré, il faut bien reconnaître qu'il est immense, et sans doute il avait paru tel à Napoléon, puisque, pour en triompher, il avait entraîné avec lui dans son agression contre la Russie tous les peuples de l'Europe.

Aujourd'hui tous ces peuples ont le même intérêt ; leur civilisation, quoique diversement développée, est cependant la même partout ; elle a la même origine ; elle a passé par des phases semblables, et elle tend aux mêmes résultats. Mais cette ressemblance s'arrête à la Russie : il y a un abîme entre la civilisation russe et la civilisation occidentale, et cet abîme, des fleuves de sang pourraient à peine le combler.

L'Europe est comme une grande nation, dont les différentes parties en face d'un ennemi commun n'ont pas encore été unies entre elles par un lien puissant d'agrégation ; et comme dans la cité romaine il y avait une lutte perpétuelle entre les patriciens et les plébéiens, il y a aussi dans la cité européenne une lutte sourde entre ceux qui détiennent les droits et la puissance et ceux qui aspirent au partage de ces droits. Aujourd'hui, ces dissensions intestines paralysent l'action de l'Europe, et la livrent sans défense à la suprématie de la Russie ; et il en sera ainsi jusqu'à ce que la fusion des classes ait rendu possible l'alliance des peuples. Mais la fusion des classes ou l'Unité sociale, c'est précisément l'application aux sociétés modernes des principes de 1789. Il est donc vrai que la fraternité civile, corollaire longtemps attendu de la fraternité religieuse, est aujourd'hui l'idée nécessaire qui doit sauver l'Europe.

II

Pour apprécier avec équité la Révolution française, il faut la dégager des crimes et des excès de ceux qui l'ont conduite et souvent égarée. Alors on reconnaît que ce mouvement social était le résultat nécessaire et légitime de ceux qui l'avaient précédé.

Cet esprit de liberté et d'égalité qui a inspiré la Révolution française, et que les résistances qu'il a rencontrées sur son passage ont exalté jusqu'à la fureur et l'impiété, a été l'âme de la civilisation occidentale depuis son origine. Aussitôt qu'il aura fait une alliance sincère avec la paix et la justice, son triomphe deviendra certain.

Les barbares ont apporté dans le monde romain la liberté individuelle, que la civilisation antique n'a pas connue. Le Christianisme en même temps déposait dans les institutions modernes le germe de l'égalité qui devait triompher un jour.

C'est à ces deux principes qu'appartient l'avenir.

Il arrive qu'un fleuve tout en suivant son cours parvient à un point où sa pente insensible jusque-là, se précipite tout à coup. Eh bien ! il y a dans l'histoire des peuples des accidents semblables. Les révolutions sont les cataractes du progrès ; ce ne sont pas des déviations. L'histoire moderne tout entière a préparé lentement le triomphe dès principes proclamés en 1789, et qui ont ébloui le monde comme des éclairs au milieu des orages de la Révolution. Mais la tempête s'apaise et les principes demeurent. Tous les yeux finiront par s'habituer à leur lumière.

La Révolution française fut donc légitime dans ses tendances, quoiqu'elle ait été souvent violente et inique dans les moyens qu'elle employa pour arriver à son but. Les modifications profondes qu'elle a introduites dans les sociétés modernes seront durables, et son esprit lui survivra, parce qué c'est l'esprit même de la civilisation moderne.

III

La civilisation occidentale tend vers l'Unité.

Nous assistons à la fin de la civilisation occidentale. Elle a marché lentement jusqu'ici ; aujourd'hui elle se précipite vers son but.

Or, le but de toute civilisation est l'Unité.

L'Unité religieuse se fera par l'établissement politique de la liberté de conscience, et l'Unité politique par l'essor et l'indépendance de toutes les nationalités : car l'union durable ne peut se faire que dans la liberté et la justice.

Il y a un troisième ordre de faits dans lequel l'Unité se prépare également : c'est la sphère des droits civils et politiques.

Là se prépare l'égalité de tous devant la loi, c'est-à-dire l'Unité sociale.

La conquête la plus certaine de la Révolution française, et qu'aucune réaction n'a pu lui contester, est celle de l'égalité civile; mais l'égalité civile serait toujours précaire et illusoire, si elle ne devait pas être protégée et garantie un jour par l'égalité politique.

La royauté qui nous a donné l'Unité nationale, doit également nous donner l'Unité sociale ; car c'est le terme vers lequel elle a toujours poussé les générations qu'elle avait mission de conduire.

IV

De la Royauté et de l'Unité sociale.

Lorsqu'une institution a la consécration d'une longue suite de siècles, et qu'elle a présidé au développement de la civilisation pendant la plus noble période de l'histoire, une telle institution a droit au respect et à la reconnaissance du genre humain.

Telle a été la Royauté dans les temps modernes.

L'autorité dans les Républiques a pu se déployer quelquefois avec plus d'éclat, mais elle s'est presque toujours exercée au profit d'une seule classe.

Au contraire, le pouvoir monarchique avait une indépendance et une sécurité qui lui permettait de se constituer arbitre entre les différentes classes et les différents intérêts de l'État.

Ainsi la Royauté, quoique issue de l'aristocratie, s'est chargée de la tutelle des classes déshéritées, et les a protégées dans leur développement. Elle fut populaire pendant tout le moyen-âge; l'aristocratie lui fut souvent hostile; mais le peuple lui offrit presque constamment l'appui de sa fidélité et de son amour, car il sentait qu'il avait en elle un défenseur de ses droits.

L'alliance du peuple et de la Royauté a fait la force et la gloire des Etats modernes: ne laissons pas tomber par défiance de part et d'autre cette union nécessaire.

Les peuples de l'Europe, héritiers des conquêtes de la civilisation, ont la conscience de leur force et de leurs droits.

Ils savent que la civilisation, en avançant toujours, tend non à détruire, mais à trans-former en mieux: Elle change l'esclave en serf, le serf en homme libre. Parallèlement à cette amélioration des classes inférieures, elle tend aussi à transformer la condition des classes supérieures; elle tend non à détruire leur prééminence, mais à lui donner une autre base. Au lieu qu'elles dominaient par la force brutale, elle veut les faire dominer par la confiance; elle veut que ceux qui étaient d'abord des maîtres pesant durement sur leurs inférieurs, deviennent les premiers seulement, ou les aînés entre les hommes libres.

C'est ainsi que l'aristocratie se transforme.

Ce prestige, cette auréole que donne la jouissance complète des droits civils et poli-

tiques, ont été longtemps l'apanage, d'un
très-petit nombre; mais il est inévitable que
les droits politiques conservés comme en
dépôt par les aristocraties, tombent enfin,
dans le droit commun.

Il n'est guère possible d'arrêter longtemps
encore cette vaste et permanente tendance
des sociétés modernes vers l'égalité des
droits. Ceux qui ont entrevu ce but ne dés-
espéreront pas de l'atteindre.

Si cela est ainsi, si l'Europe marche vers
une transformation inévitable, si les peuples
en ont l'instinct et la volonté, c'est aux Rois
qui ont reçu de la Providence l'initiative de
la civilisation, c'est à ces pasteurs des peuples
qu'il appartient de les guider dans cette voie
difficile.

Ils peuvent encore conjurer tous les dan-
gers qui menacent l'avenir de l'Europe; ils
peuvent rendre vaines les menaces des opprimés; mais pour cela, il faut qu'ils unissent
leurs destinées aux destinées glorieuses de

la démocratie, et qu'ils retrempent dans la confiance populaire leur autorité affaiblie.

Napoléon disait : *Je suis le peuple-empereur.* Le jour où les Rois de l'Europe pourront dire comme lui : *Nous sommes les peuples-rois,* ce jour, leurs trônes ébranlés se raffermiront, et les dynasties, que le vent des révolutions fait vaciller, pousseront dans le sol des racines profondes et indestructibles.

V

L'Autorité et la Liberté sont solidaires.

La tendance de la civilisation vers l'Unité et le besoin de liberté inhérent à la nature humaine, se sont presque toujours combattus. Cependant ces deux passions de l'homme doivent se concilier ; à cette condition seulement elles pourront un jour atteindre leur but.

Le pouvoir, qui dans un Etat représente l'Unité nationale, n'obtiendra toute sa grandeur que le jour où il aura compris que sa principale mission est de protéger la liberté individuelle.

Et si jamais il s'élève dans le monde une autorité suprême chargée de représenter l'Unité même de là famille humaine, cette autorité ne pourra s'élever et se maintenir qu'à la condition de favoriser l'essor et de protéger l'indépendance des nationalités. En cela surtout consistera sa mission et son utilité.

Et quant à l'Unité religieuse qui tend à se refaire aujourd'hui, tout fait croire que sa destinée providentielle est d'être préparée partout par l'établissement politique de la liberté de conscience.

Ainsi, dans tous les ordres de faits, la liberté amènera, Dieu aidant, ces merveilleux résultats que la violence et le despotisme ont vainement poursuivis jusqu'à ce jour.

VI

Que l'Unité politique doit se faire par la Liberté.

La civilisation est comme un cercle qui s'agrandit toujours, et à chaque pas de l'histoire, on voit briller en traits plus éclatants la loi de la solidarité universelle.

L'Unité est le terme de ce progrès.

Cependant les essais de monarchie uni-

verselle qui ont eu lieu à toutes les grandes
époques de l'histoire n'ont eu qu'un succès
éphémère et imparfait.

C'est que ces essais audacieux, s'appuyant
sur le despotisme, contrariaient un besoin
également impérieux de la nature humaine,
la liberté.

La tentative de Charlemagne ne devait
pas réussir, parce qu'elle aurait étouffé le
développement originel et spontané des nationalités diverses dont se composait son
empire. Ce sont ces nationalités, c'est la
force de leur développement originel qui
a brisé le faisceau de l'empire de Charlemagne.

C'est pour cela que l'empire d'Allemagne
a toujours été arrêté dans son extension.

C'est pour la même cause que Charles V
a échoué.

Ce sont aussi les nations qui ont brisé
l'empire de Napoléon.

Il résulte de là que l'Unité politique ne pourra s'établir d'une manière durable que par le libre concours des nationalités, et qu'elle doit se faire par la liberté.

VII

Que le Saint-Empire Romain était, au Moyen-Age, le
signe de l'Unité Européenne.

C'est une grande chose que l'Empire romain. Il semble que ce nom magique soit
destiné à planer éternellement sur le monde.
Depuis César, la dignité impériale s'est
toujours conservée quelque part. L'an 800,
le Pape Léon III la transporte sur la tête de

Charlemagne. L'Empire romain dissous par l'invasion des Barbares, se relève sous ce prince et se continue après lui dans l'empire d'Allemagne. Après avoir brillé d'un nouveau lustre sous Charles V, il décline insensiblement jusqu'à la Révolution française.

Napoléon avec un sens profond de l'histoire essaie de le relever; il se fait sacrer par le Pape; il devient l'héritier de César et de Charlemagne, et il fait appeler son fils Roi de Rome, comme autrefois le futur empereur était appelé Roi des Romains.

L'Unité politique de l'Europe fut donc une tendance constante de la civilisation occidentale, et cette tendance fut représentée pendant le moyen-âge par le Saint-Empire romain.

Aujourd'hui l'Unité de l'Occident n'est plus représentée par aucune institution formelle.

L'empire de Napoléon est tombé pour avoir blessé l'indépendance des nations; mais, du reste, si l'on pouvait concevoir cet empire comme formé librement par le concours des

nations, au lieu de leur avoir été imposé, il
est difficile de méconnaître qu'il répondait à
un besoin impérieux de la civilisation. Une
plus grande liberté ne peut s'élever qu'à l'abri
d'une autorité plus haute, et toute civilisation
qui, parvenue à un certain point de développement, ne se concentre pas dans une
forte Unité, court le risque de s'égarer ou
de se perdre.

VIII

Que l'Unité Européenne doit être réalisée aujourd'hui par
une Confédération des Puissances centrales de l'Europe.

Il a été prononcé à la tribune française, il
y a peu de temps, un mot qui annonce que de
grands changements ont eu lieu dans la situation respective des puissances. A propos de
l'accroissement continuel des États-Unis, on
a parlé de l'équilibre du monde. Il n'était

question autrefois que de l'équilibre de l'Europe ; désormais ce sera l'équilibre du monde
entier qui deviendra le problême de la diplo-
matie.

Or, il y a aujourd'hui trois puissances qui
se développent au-delà de toutes les proportions connues. Ces trois puissances sont l'Angleterre, la Russie et les États-Unis d'Amérique. Elles ont devant elles un champ
immense. L'Angleterre a le domaine des
mers. Les États-Unis d'Amérique ont devant
eux tout un continent, et ils annoncent déjà
hautement la prétention d'en écarter toute
influence étrangère. Quant à la Russie, d'un
côté elle s'étend vers l'Asie, et de ce côté sa
pente sera irrésistible, et de l'autre elle menace l'indépendance de l'Occident. Déjà, se-
lon l'expression énergique de Napoléon, en
asservissant la Pologne, *elle a mis son cachet sur l'Europe*, et l'état dans lequel
elle a réduit cette malheureuse nation, est
pour toute l'Europe une insulte prodigieuse.
Mais ce n'est rien encore : elle est toute prête

à envahir Constantinople ; évènement qui serait d'une portée incalculable, et que la dés-
union des puissances européennes ne leur
permettrait pas d'empêcher. Maintenant, je
le demande, quel avenir se prépare pour les
nations centrales de l'Europe, si elles ne
sauvent pas leur indépendance et leur dignité
par une Confédération puissante ? Quel rôle
joueront-elles dans l'histoire, lorsqu'elles
seront pressées entre ces trois puissances,
déjà si grandes et dont la destinée est de
grandir encore ? Pourront-elles sauver leur
honneur et leur commune civilisation, si elles
ne s'unissent pas entre elles par un lien
puissant, et si elles n'imitent pas un jour
l'exemple de la Suisse et des Etats-Unis
d'Amérique ? Enfin n'est-il pas évident que
l'existence d'un empire puissant, ou au moins
d'une vaste Confédération au centre de l'Europe, est nécessaire à l'équilibre du monde ?

IX

De l'Unité de civilisation.

Le peuple romain eut cet honneur de donner au monde l'Unité de civilisation. Rome,
en effet, fut dans l'antiquité comme le cœur
du monde ; elle s'assimilait par la conquête
et l'affranchissement les peuples les plus
éloignés ; elle attirait à elle toutes les idées,

toutes les philosophies, toutes les religions, jusqu'à ce qu'enfin elle parût comme étant l'humanité même et la civilisation.

L'Empire romain, dernier effort de cette puissance d'Unité qui agissait sur le monde avec tant d'énergie, subsista quelque temps dans son intégrité, et puis ce grand corps, s'affaissant pour ainsi dire sur lui-même, se divisa en deux parties, l'empire d'Orient et l'empire d'Occident. L'Orient et l'Occident poursuivirent séparément leurs destinées, et ces deux civilisations, qui ne devaient pas encore se confondre, furent représentées dans l'histoire par deux institutions puissantes, chargées de les défendre et de les développer.

Le sceptre de l'Orient demeura longtemps aux mains des Grecs; de ces mains débiles, il passa dans celles des Turcs; maintenant il est tout près d'être saisi par la Russie.

Telles furent les vicissitudes de l'empire d'Orient.

L'empire d'Occident eut de plus hautes

destinées. Il est vrai qu'il fut brisé par les Barbares; mais ce fut pour réapparaître plus tard sous une forme rajeunie. Il devint le Saint-Empire Romain. Charlemagne eut l'honneur de cette restauration. L'empire d'Occident, relevé par Charlemagne, passa des Romains aux Germains, et subsista sous cette nouvelle forme jusqu'à la Révolution française.

A cette époque, un élément nouveau, l'élément démocratique, fit irruption dans la constitution européenne; et, comme les Barbares qui avaient envahi la société romaine après avoir brisé l'empire le relevèrent à leur profit, ceux qu'on a appelés les Barbares modernes, les fils de la Révolution française, brisèrent le vieil empire d'Allemagne, et essayèrent de le reconstituer dans le sens des idées nouvelles et des intérêts qui venaient de triompher.

Telle fut la tentative de Napoléon.

Mais depuis la chute de l'empire, depuis

1814, il n'y a plus rien qui représente réelle-
ment l'Unité de la civilisation occidentale.

La Sainte-Alliance, dont les liens se sont
détendus sans se dissoudre, c'est-à-dire l'Europe presque tout entière, est dominée par
la Russie. Or, le génie de cette puissance est
diamétralement opposé à l'esprit de la civilisation occidentale. Il en résulte que depuis
la chute de Napoléon, l'essor de l'Occident est
comprimé par la Russie, et que les peuples de
l'Europe sont contrariés dans leur développement originel et blessés dans leur liberté.

Cet état de choses appelle une réaction ;
mais pour que la Sainte-Alliance des rois se-
coue le joug de la Russie, il faut qu'elle s'ap-
puie sur les nationalités, comme elle a fait
lorsqu'elle a voulu secouer le joug, plus ho-
norable pourtant, de Napoléon ; il faut que
les Etats européens fassent librement, pour
sauver la civilisation occidentale, ce que Napoléon avait tenté par le despotisme ; il faut
que les rois s'entendent et s'unissent pour as-

seoir sur ses véritables bases l'ordre nouveau
qui se prépare; il faut qu'ils s'unissent pour
diriger dans ses développements nouveaux la
civilisation occidentale, et pour la défendre
au besoin.

La Russie aspire à dominer également l'Occident et l'Orient. Son ambition est de réta-
blir à son profit l'empire de Constantin et de
réaliser de cette manière la plus haute unité
politique qu'il soit possible de concevoir en
ce moment. Elle a pour adversaire devant
elle les idées libérales que la France représente dans le monde. C'est une guerre entre
deux civilisations contraires. De même que
Rome et Carthage se sont disputé la prééé-
minence, avant eux les Grecs et les Perses
et depuis les Mahométans et les Chrétiens,
aujourd'hui les Russes et les Français se disputent l'honneur d'imprimer leur cachet à la
civilisation.

Quelle que soit l'issue de la lutte, l'Unité
de civilisation en sera le résultat né-

cessaire : seulement cette Unité se fera ou dans le sens du despotisme ou dans le sens de la liberté.

C'est aux peuples de l'Europe à choisir.

X

Les principes de la Révolution française tendent également vers l'Unité.

Unité et liberté!... Il s'agit de concilier aujourd'hui ces deux tendances également sacrées, ces deux besoins également impérieux de la nature humaine.

Liberté, égalité, fraternité, ou la mort!..
Ce cri sauvage et extraordinaire, qui pro-

duit sur la pensée une impression mystérieuse et profonde, cette menace entendue
comme une sentence, est l'oracle de l'avenir.

Ainsi, la Révolution française, furieuse,
égarée comme la Pythie antique, prophétisait.

C'est comme si elle avait dit :

Les peuples de l'Europe ne sauveront
leur commune civilisation qu'en s'unissant
par la liberté.

Mais les principes de la Révolution française entendus de cette manière, ne sont pas
autre chose que le Christianisme appliqué à
la politique, et le jour où ils seront prati-
qués sincèrement, ils amèneront sur la terre
le règne nouveau de la paix et l'union des
peuples.

La liberté sincère produira le respect de
tous les droits et, par conséquent, de toutes
les nationalités. Dès lors, rien ne s'opposera
plus à l'association des peuples, et cette
association, c'est la paix.

La fraternité!... c'est la charité dont l'effet est d'unir et les individus et les peuples.

Paix générale, sincérité dans les transactions politiques, conciliation large et généreuse de tous les intérêts : toutes ces choses se tiennent et ne sont que les faces diverses d'une même idée.

Cette idée est celle de l'époque où nous sommes, et les temps paraissent mûrs pour sa réalisation.

Nous comprenons, nous disons tous que nous sommes à une époque de transition.

C'était le cri de l'humanité même que jetait Napoléon, lorsqu'il disait, en fixant ses regards perçants vers l'Orient: *Cette vieille Europe m'ennuie.*

Les peuples aussi s'y ennuient.

Ils y étouffent dans les langes d'un passé dont ils ont peine à se débarrasser.

Leurs lois, leurs mœurs, leurs institutions ne sont plus pour eux qu'un vêtement usé et flétri qu'ils portent avec impatience et dégoût.

Au sein de leurs souffrances et dans l'ennui du présent, ils nourrissent un espoir immense.

Le monde est dans l'attente d'une grande transformation.

Il aspire à un rajeunissement extraordinaire ; il a soif de paix, d'égalité, de liberté, de charité.

La situation de l'Europe n'est pas durable ; les apparences qui nous frappent s'évanouiront comme des fantômes, lorsque la parole créatrice aura dit le *fiat lux* d'une nouvelle civilisation.

L'Europe ne sera ni républicaine ni cosaque, mais l'esprit de liberté régnera sur elle ; la paix et l'Unité se feront.

L'esprit humain jouissant en paix et en sécurité de la liberté longtemps désirée, la Religion reprendra son empire sur les cœurs, et elle animera de son divin souffle les institutions nouvelles.

Alors arrivera cette grande époque entre-
vue par quelques génies prophétiques et dont
l'approche agite toute la terre.

Il semble qu'il ait fallu dix-huit cents ans
au Christianisme pour miner peu à peu tous
les obstacles qui s'opposaient à son expansion
dans la sphère sociale ; mais aujourd'hui ces
obstacles tombent de toutes parts, et le Christianisme victorieux va couler à pleins bords
dans les institutions modernes.

XI

Lorsqu'une forme de la civilisation s'é-
croule, elle laisse quelque temps après elle
beaucoup de trouble et d'anarchie dans les
intelligences. Les débris épars de l'antique
édifice gisent mêlés et confondus sur le sol:
alors quelques-uns se troublent, et les yeux

tristement fixés vers un passé qui s'enfuit, ils se mettent à désespérer de l'avenir. Ils oublient que le chaos a précédé la lumière, et que c'est précisément lorsque les affaires humaines paraissent le plus désespérées que la Providence intervient par sa toute-puissance. Lorsque le doigt de Dieu efface, c'est pour reconstruire.

L'époque où nous sommes est une de ces époques de fin et de renouvellement, où l'aurore d'un jour nouveau se mêle aux dernières lueurs d'un passé qui s'éteint; époque de transition, jours douloureux et pleins d'anxiété, jusqu'à ce que les principes nouveaux qui doivent régir l'avenir, aient été nettement définis et acceptés par tous.

Mais enfin, grâce à Dieu, nous touchons à leur terme, et déjà nous pouvons entrevoir les premières clartés d'un avenir meilleur. Les destinées temporelles du genre humain se dessinent et s'expliquent; la lumière se fait.

Et puisqu'on a comparé les institutions humaines au toit qui sert d'abri à l'homme, le nouvel édifice à l'ombre duquel l'humanité se reposera enfin de ses longues agitations, cette maison de liberté s'élève, et nous pouvons en distinguer déjà les premières assises. L'Irlande, la Pologne, les Maronites, la France, tous les peuples qui ont combattu ou souffert pour la liberté, sont déjà d'avance comme les pierres d'attente de ce nouvel et grand édifice, dont les fondements solides auront été cimentés par leur sang. C'est aux persécutés qu'appartient la gloire de l'avenir.

XII

De l'instinct de la Révolution française.

Ce n'est pas seulement pour une grande réforme politique, quelque importante qu'elle soit, que le monde tout entier s'est soulevé en 1789, que des torrents de sang ont rougi la terre, et que les efforts des hommes ont brillé de toutes parts en éclairs de génie.

Quelque chose de plus haut s'agitait dans les entrailles de l'humanité. Un instinct confus et mystérieux l'avertissait qu'il s'agissait pour elle d'une de ces grandes conquêtes de la civilisation que les annales du monde n'offrent qu'à de longs intervalles, et qui deviennent des époques fameuses dans la mémoire des hommes.

Une expansion nouvelle du Christianisme, la conquête d'un nouveau type, d'une nouvelle société plus parfaite, l'agrandissement du sentiment religieux, et enfin l'ennoblissement, l'émancipation des classes et des races déshéritées de l'humanité, tels doivent être les fruits de ces grandes crises, de ces efforts gigantesques, de ces bouleversements épouvantables.

Napoléon, comme Moïse, a conduit l'humanité jusqu'aux portes de l'avenir : le monde attend celui qui, nouveau Josué, le fera entrer dans la terre promise de la civilisation.

Cet avenir, cette terre promise n'est pas

loin de nous. Nous la touchons presque avec la main. Il ne s'agit que de développer des principes qui existent déjà parmi nous. C'est le Christianisme, c'est la charité appliqués à la politique, et par conséquent c'est la paix et la liberté, la fraternité des peuples et l'Unité de la civilisation, la fusion des classes et des races, et l'abolition de la conquête.

XIII

Les peuples modernes continuent l'œuvre des Croisades.

Les grands mouvements, les grands courants de l'histoire passent à travers les siècles sans se détourner de leur but, et tendent constamment vers l'Unité, comme les fleuves vers l'Océan.

Le mouvement des Croisades ne pouvait échapper à cette loi providentielle.

Les Croisades furent dans le moyen-âge la forme la plus élevée de l'action des peuples chrétiens, et il est à remarquer que cette action parallèle à celle des missionnaires, n'a jamais été totalement interrompue.

Lorsque l'expansion du Christianisme dans l'Occident n'a plus rien trouvé à conquérir dans cette direction, elle s'est retournée vers l'Orient d'où elle était partie. De ce côté elle a rencontré une résistance beaucoup plus forte, mais l'action s'est égalée à la résistance et par la force et par la durée; et quand, après des siècles de combats, les armées chrétiennes se sont retirées comme le reflux de l'Océan, elles ont laissé après elles et comme en avant-garde des ordres de chevalerie qui ont continué leur mission.

Et ces ordres ont subsisté jusqu'à l'époque de la Révolution française. C'est qu'alors le moment était arrivé où l'action de l'Europe, tout en poursuivant le même but, devait se transformer. Alors il ne s'est plus agi d'étouffer l'islamisme dans son berceau et de planter la croix sur les ruines du croissant.

La propagande chrétienne devait prendre une autre forme.

Quel nouveau principe allaient porter en Orient les armées de la République, lorsque, sous les ordres du jeune vainqueur de l'Italie, elles passaient par Malte, et entraînaient avec elles quelques débris glorieux de la chevalerie mourante ?

Ce n'était pas la foi catholique qui, pour un moment (éclypse mystérieuse), avait voilé ses divines lueurs dans la patrie. Elles y portaient, sans le savoir peut-être et malgré elles, le principe nouveau de la liberté des croyances.

Là se bornait leur mission ; en cela seul aussi elles réussirent. Car la tolérance est demeurée en Egypte comme le germe précieux d'un grand avenir. C'est le même principe que l'action combinée de l'Europe cherche à faire prévaloir à Constantinople.

Les armées du moyen-âge échouèrent lorsqu'elles voulurent imposer par les armes la foi chrétienne à l'Orient ; mais les peuples modernes réclamant, au nom de la dignité humaine, pour les chrétiens soumis à leur protection la liberté des croyances religieuses, sont assurés de triompher. Or, si ce principe est absolument nécessaire, il suffit à l'Orient pour le régénérer. Il entrait apparemment dans les desseins de la Providence divine que la vérité religieuse triomphât partout, non par la force, mais par la liberté.

XIV

Occident et Orient.

Jusqu'à présent l'Occident et l'Orient se sont toujours combattus, et ces deux civilisations se sont heurtées sans se comprendre.

Aujourd'hui un phénomène nouveau se manifeste : nous voyons l'Orient étudier les arts et les sciences de l'Occident, et l'Occidentattiré comme par un charme tout-puissant vers l'Orient. Ce singulier rapprochement est assurément un des signes les plus remarquables du temps où nous vivons.

Il semble que tout grand mouvement de la civilisation suive nécessairement cet ordre providentiel : l'Occident développe l'Orient, et, arrivé à son apogée, réagit sur l'Orient et se confond avec lui.

Ainsi la Grèce qui représente dans l'histoire le premier développement de la civilisation occidentale, la Grèce, arrivée à l'apogée de sa puissance, réagit sur l'Orient et fonde Alexandrie.

Rome fonde Constantinople.

Mais ce vaste développement de la civilisation occidentale qui a lieu depuis la chute de l'Empire romain, ne suivra-t-il pas la même loi ? Assurément : l'Occident réagira sur l'Orient et se fondra avec lui.

Les Croisades essayèrent ce mouvement : le succès fut incomplet, mais il est resté dans l'histoire comme une figure de l'avenir.

La seconde tentative est celle faite par Napoléon.

Ainsi la première grande révolution de la civilisation occidentale est nommée par Alexandre ;

La seconde, par Constantin ;

La troisième est celle dont le monde att end l'accomplissement et dont Charlemagne, saint Louis et Napoléon sont demeurés jusqu'à ce jour les représentants.

Du reste, l'histoire nous offre des figures de ce qui paraît se préparer en ce moment. Ainsi le royaume latin de Constantinople, les états orientaux fondés par les croisés, sont des exemples de la fusion de l'Occident et de l'Orient.

C'est quelque chose de semblable dans des proportions plus grandes que la marche des événements semble devoir amener. Mais peut-être, à l'honneur de notre temps, cette fusion magnifique se fera non par la conquête matérielle, mais par l'invasion pacifique des idées et des mœurs de l'Occident.

Conclusion.

Nous sommes arrivés à un moment so-
lennel où les destinées de la civilisation demeurent comme en suspens..... Si l'Europe
retournera vers la barbarie, ou si elle mar-
chera hardiment dans la voie magnifique que
lui ouvre la Providence, voilà de quoi il
s'agit.

Et c'est l'Allemagne qui tranchera cette grande question. Elle est placée entre deux peuples qui se disputent aujourd'hui son alliance décisive, comme un homme qui hésite entre les conseils contraires de son bon et de son mauvais génie.

Quel parti prendra-t-elle?

Je ne lui ferai pas l'injure de douter de son choix. Elle se souviendra que les Francs sont sortis de son sein généreux, que plus tard les deux peuples entre lesquels le Rhin poursuit son cours majestueux, furent unis sous le sceptre de Charlemagne, que leurs drapeaux se sont mêlés fraternellement aux temps des Croisades; elle comprendra que les dissensions qui ont divisé trop longtemps ces deux peuples frères, n'ont profité qu'aux ennemis de la liberté du monde.

Que les Francs et les Germains s'unissent donc de nouveau et ils tendront la main aux

Slaves opprimés, et ils protégeront l'Orient
contre la Russie, et l'Unité européenne se
fera dans la liberté et la justice.

Paris, décembre 1846.

Colmar, imp et lithog. de Ch.-M Hoffmann, imprimeur de la Cour d'appel